LE
GÉNÉRAL LECLERC

(VICTOIRE-EMMANUEL)

BEAU-FRÈRE DE L'EMPEREUR NAPOLÉON Ier

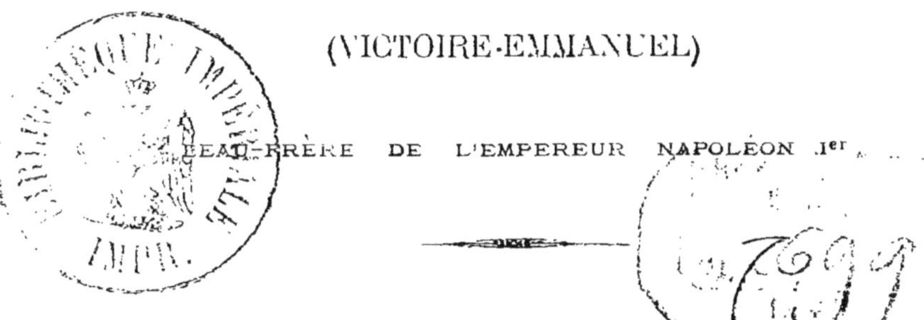

NOTICE HISTORIQUE ET BIOGRAPHIQUE

D'APRÈS LES DOCUMENTS OFFICIELS

Par M. A.-P. De FORGES

Sous-Directeur au Ministère de la Guerre

PARIS

IMPRIMERIE ADMINISTRATIVE DE PAUL DUPONT

RUE J.-J.-ROUSSEAU, 41 (HÔTEL DES FERMES).

—

1869

LE GÉNÉRAL LECLERC

BEAU-FRÈRE DE NAPOLÉON Ier

LE GÉNÉRAL LECLERC

... Le capitaine général Leclerc était un brave militaire, doux et sage...

(THIERS, *Histoire du Consulat et de l'Empire.*)

Tout ce qui se rattache de près ou de loin à la grande épopée napoléonienne a le don d'exciter au plus haut degré l'intérêt et les sympathies populaires.

Ce sont surtout les faits et gestes des membres de la glorieuse famille impériale que recherchent avec avidité les historiens.

Sortis pour la plupart des rangs du peuple, ceux que la fortune fit les alliés ou les lieutenants du général Bonaparte grandirent avec lui. A quelques-uns, il donna des trônes ; à d'autres, des principautés, des duchés et ce bâton de maréchal dont les titulaires pouvaient dire avec raison qu'ils l'avaient trouvé dans leur sac de soldat.

D'aussi hautes destinées attendaient incontestablement celui dont nous retraçons la vie, si un trépas prématuré ne l'avait arrêté en chemin, presque au début de sa carrière.

Et cependant, si courte qu'elle ait été, on en citerait peu de mieux remplies, et c'est pour acquitter une dette de patriotique reconnaissance que la ville de Pontoise a voulu éterniser par un monument la mémoire de l'un de ses plus illustres enfants.

Leclerc (Victoire-Emmanuel) naquit à Pontoise, le 17 mars 1772. Son père, Jean-Paul Leclerc, conseiller du Roi au grenier à sel de cette ville, lui fit faire ses études à l'Université de Paris et le destinait au commerce; mais la Révolution qui venait d'éclater détermina chez le jeune homme une autre vocation.

L'Assemblée nationale ayant décrété, en 1791, la formation de bataillons de volontaires, Leclerc, devançant l'élan général, fut un des premiers à s'enrôler. Il avait alors dix-neuf ans. Élu par ses compatriotes lieutenant de la 4e compagnie du 2e bataillon du département de Seine-et-Oise, il servit, en cette qualité, depuis le 19 octobre 1791 jusqu'au 22 septembre 1792, et ne cessa, pendant ce temps, dit un rapport de l'époque, « de

« remplir ses devoirs avec honneur, loyauté et exacti-
« tude. »

Entraîné par son ardent patriotisme, il avait quitté les volontaires nationaux pour être attaché comme aide de camp surnuméraire à l'état-major du maréchal de camp Lapoype, employé à la 17e division, qui bientôt le fit nommer sous-lieutenant au 12e régiment de cavalerie (1er décembre 1792).

La division dont Leclerc faisait partie fut envoyée contre Toulon. Il se trouva au siége de cette ville, et ne tarda pas à y obtenir le grade de capitaine. Malgré son extrême jeunesse (il n'avait pas alors atteint sa vingt et unième année), Leclerc fut investi des fonctions de chef de l'état-major de l'aile gauche de l'armée.

Chargé du commandement de la colonne dirigée contre le fort Faron, il parvint à s'emparer de cette position, et le représentant du peuple Paul Barras, « témoin de la bravoure et de l'intelligence déployées « par le jeune officier, » le nomma sur le champ de bataille adjudant-général chef de bataillon (27 frimaire an ii).

On voit que ses débuts promettaient.

C'est de cette époque que date la liaison de Leclerc avec Bonaparte, qui avait pu dès lors apprécier ses éminentes qualités.

Après la prise de Toulon, les représentants du peuple

le chargèrent de porter à Paris la nouvelle de ce grand fait d'armes.

Sa mission remplie, Leclerc fut envoyé à l'armée des Ardennes, et assista à la bataille de Fleurus.

Peu de temps après, il sollicita son passage à l'armée des Alpes. Sa demande, basée sur ce qu'il connaissait parfaitement les localités et qu'il pourrait servir plus utilement la République, ayant toujours fait la guerre de montagnes depuis l'ouverture de la campagne, fut chaudement appuyée par le représentant du peuple Fréron, qui témoignait de la bravoure et du patriotisme de l'adjudant-général Leclerc.

Envoyé à la frontière d'Italie, il reçut, en arrivant, le commandement de l'extrême avant-garde de l'armée des Alpes, dont le quartier général était à Chambéry.

Le poste qui lui fut assigné sur le mont Cenis était des plus périlleux, et il lui fallut bien de la volonté et de l'énergie pour s'y maintenir pendant l'hiver de 1794 à 1795, l'un des plus rigoureux dont on ait gardé la mémoire, avec des troupes qui manquaient de tout, et que les privations excitaient à l'insubordination.

Il y parvint néanmoins et, son infatigable activité suppléant aux ressources, il sut, tout en assurant la subsistance de ses soldats et en leur procurant les vêtements les plus indispensables, ramener la discipline, remonter le moral des troupes et les tenir sans cesse en haleine par de fréquentes reconnaissances, même pendant la nuit et au milieu des tourmentes qui agitent la cime des Alpes.

Les difficultés que Leclerc avait surmontées attirèrent l'attention du Directoire, qui, après le 13 vendémiaire, l'envoya commander à Marseille. Cette ville, foyer des passions les plus ardentes et les plus opposées, était en proie à l'anarchie; les lois y étaient méconnues, notamment celle sur la réquisition, et les plus grands désordres s'y commettaient presque impunément.

La position était difficile pour un jeune homme, mais la loyauté, l'aménité de son caractère, qui n'excluaient pas néanmoins la fermeté, parvinrent à lui concilier l'estime, l'attachement même de tous les partis, et quelque temps après son arrivée, l'ordre et le calme étaient rétablis.

Leclerc fut désigné ensuite pour être employé à l'armée de l'intérieur, mais ses goûts lui faisaient préférer une destination plus active.

Bonaparte était parti de Paris le 21 mars 1796 pour aller prendre le commandement de l'armée d'Italie, et Leclerc, désireux de partager les périls et la gloire de ses frères d'armes, sollicita et obtint, le 3 mai 1796, la faveur de servir sous les ordres du jeune général en chef.

Les victoires de Montenotte, de Millesimo, de Dego, de Mondovi venaient d'être remportées; l'adjudant-général Leclerc fut placé momentanément près de Bonaparte pour remplir les fonctions de sous-chef d'état-major.

Le général en chef l'ayant envoyé en mission à la frontière du Tyrol écrivait à cette occasion au citoyen Comeyras, ministre de la République près les Grisons : « Je vous envoie l'adjudant-général Leclerc, « qui joint à beaucoup de conduite un pur patriotisme. « Je le charge de parcourir le pays de tous les chefs des « Ligues et de prendre des informations sur la position « de l'ennemi. Aidez-le de tous vos moyens. »

Leclerc passa ensuite au commandement de la 5ᵉ demi-brigade, et assista à cette suite de combats qu'on appelle la *campagne des cinq jours*, et qui se livrèrent à Salo, à Lonato, à Castiglione, etc.

Dans la relation de cette prodigieuse campagne que Bonaparte rédigea sur le champ de bataille et qu'il envoya au Directoire le 6 août 1796 (19 thermidor an IV), l'adjudant-général Leclerc est cité comme ayant coopéré au succès obtenu à Lonato par un mouvement audacieux qu'il fit exécuter à la 5ᵉ demi-brigade pour se porter au secours de la 4ᵉ, et comme ayant enlevé, à la tête de ces deux brigades réunies, les hauteurs et la tour de Solferino, opiniâtrément défendues.

Soixante-trois ans plus tard, en 1859, cette même tour de Solferino devait donner son nom à une autre victoire mémorable à inscrire dans les fastes militaires du second Empire.

Cette campagne de 1796 est du reste fertile en épisodes héroïques. Ainsi, pour n'en citer qu'un seul, le 19 fructidor, tandis que l'armée française poursuivait l'ennemi après la bataille de Roveredo, « l'adjudant-
« général Leclerc, avec trois chasseurs, et le citoyen
« Dessaix, chef de la brigade des Allobroges, accom-
« pagné, dit le rapport du général Bonaparte, de douze
« carabiniers, étaient parvenus à tourner les Autri-
« chiens et s'étaient embusqués à une demi-lieue en
« avant. La cavalerie ennemie se sauvant au galop est
« tout à coup arrêtée. L'adjudant-général Leclerc est
« blessé de plusieurs coups de sabre. Les ennemis
« cherchent à s'ouvrir un passage, mais les douze
« carabiniers, secondés des trois chasseurs, croi-
« sent la baïonnette et forment un rempart inexpu-
« gnable. La nuit était déjà obscure; 100 hussards
« ennemis et 300 à 400 hommes d'infanterie sont faits
« prisonniers; un étendard de Wurmser-Hussards est
« pris (1). »

Cependant les Autrichiens, malgré leurs défaites successives, ne renonçaient pas à l'espoir de reprendre l'avantage. Le vieux Wurmser, retranché dans Man-

____

(1) *Correspondance de l'Empereur.*

toue, attendait une armée formidable envoyée à son secours.

La victoire d'Arcole empêcha la jonction de cette armée avec le général autrichien et le réduisit à ses propres ressources : Mantoue, cernée de tous côtés, finit par se rendre le 1ᵉʳ février 1797.

L'adjudant-général Leclerc, qui avait pris une part brillante aux opérations de cette campagne, notamment à la bataille de Rivoli, et qui avait ainsi justifié la haute opinion qu'avait conçue de son mérite le général en chef, reçut, comme récompense, la mission de porter à Paris la nouvelle des préliminaires de paix signés à Léoben, et les drapeaux pris à l'ennemi (1).

Par un rapprochement assez curieux, ce fut plus tard un autre enfant de Pontoise, le lieutenant-colonel d'état-major Schmitz, officier d'ordonnance de l'Empereur, aujourd'hui général de brigade, qui eut l'honneur d'apporter à Paris et de présenter à S. M. l'Impératrice-Régente un drapeau conquis à Magenta, dans la courte et glorieuse campagne de 1859.

Le Directoire, par un arrêté du 17 floréal an v (6 mai

---

(1) Bonaparte avait désigné pour accompagner Leclerc un capitaine de hussards comptant *quatre-vingts ans de service*. Il se nommait Janson (François). Enrôlé en 1738 aux hussards de Bercheny, sous-lieutenant en 1771, pensionné en 1784 pour blessures graves, il resta néanmoins sous les drapeaux et fut nommé en 1793 capitaine au 1ᵉʳ régiment de hussards (ancien Bercheny). Ses campagnes lui complétaient 80 ans de service.

1797), conféra à Leclerc le grade de général de brigade et le renvoya à l'armée d'Italie.

C'est vers cette époque qu'il devint le beau-frère du général Bonaparte, en épousant, à Milan, sa jeune sœur Pauline, dont il s'était épris à Marseille, pendant qu'il commandait dans cette ville.

Les espérances que l'Autriche avait fondées sur une révolution intérieure en France avaient été détruites par le 18 fructidor, et les négociations entamées avec cette puissance allaient aboutir au traité de paix de Campo-Formio, qui fut signé le 17 octobre 1797. Bonaparte, appelé à Rastadt, quitta l'armée d'Italie, dont il laissa le commandement au général Berthier, en désignant le général Leclerc pour remplir les fonctions de chef d'état-major.

Le départ de Bonaparte faisait un grand vide dans l'armée, dont les meilleures troupes avaient été distraites pour l'expédition projetée d'Égypte.

La discipline se relâchait et la responsabilité de Leclerc devenait bien lourde, car, pendant les fréquentes absences de Berthier, tout le poids du commandement retombait sur lui. Il se tint néanmoins à la hauteur des circonstances, et, grâce à son énergie, fit rentrer dans le devoir ceux qui tendaient à s'en écarter.

Le général Brune, successeur du général Berthier, le conserva comme chef d'état-major.

Il occupait cette position, lorsqu'il fut demandé par le général Kilmaine pour servir, en la même qualité, à l'armée qui, se réunissant dans l'ouest, était destinée à agir contre l'Angleterre.

Désigné le 12 brumaire an VII (2 novembre 1798) pour ce nouvel emploi, Leclerc se rendit immédiatement à Rennes, où se trouvait le quartier général ; mais les motifs qui avaient fait rassembler cette armée vinrent à changer, et sa mission se borna à réprimer les troubles civils qui agitaient les départements de l'ouest.

Sa fermeté et sa prudence contribuèrent à pacifier cette contrée, et, en récompense des services rendus dans ces temps critiques, un arrêté du Directoire, du 9 fructidor an VII (26 août 1799), le nomma général de division. Il avait vingt-sept ans.

Appelé au commandement de Lyon et des départements frontières d'Italie, où se repliaient, dans une confusion inexprimable, les troupes françaises forcées de se retirer devant les armées autrichiennes qui avaient repris l'offensive, Leclerc sut ramener la confiance et rétablir la discipline dans ces masses démoralisées. En peu de temps, par des mesures sagement combinées, et en remplissant les cadres avec des officiers fermes et intelligents, il parvint à reconstituer une armée, qu'il dirigea en bon ordre sur les départements de l'ouest.

Sur ces entrefaites, Bonaparte, revenant d'Égypte (1), débarquait à Fréjus et se rendait immédiatement à Paris, où le rappelait le vœu de la France entière, qui voyait en lui un sauveur. Leclerc vint l'y rejoindre et contribua, par son énergique concours, au succès du 18 brumaire. A la suite de ce coup d'État, le *Moniteur* publia la liste des officiers généraux et autres qui y avaient coopéré. Leclerc y figure en compagnie des généraux de division Lefebvre, Berthier, Sérurier, Murat, Beurnonville, Moncey, Saint-Remy, Dupont et Boudet.

Désigné le 14 frimaire an viii (5 décembre 1799) pour faire partie de l'armée du Rhin comme commandant de la 2ᵉ division du centre, sous Moreau, le général Leclerc allait encore acquérir de nouveaux titres de gloire.

Tenue en réserve pendant les premières opérations, cette division reçut l'ordre de s'emparer de Landshut, qu'occupait un prince de la maison d'Autriche, l'archiduc Ferdinand. La position paraissait inexpugnable :

---

(1) Dans la *Biographie universelle* de Michaud, l'article *Leclerc*, rempli d'ailleurs d'inexactitudes et d'insinuations aussi fausses que malveillantes, contient cette phrase : « Leclerc, chef d'état-major de « l'armée d'Italie, donna sa démission pour suivre Bonaparte en « Égypte, où il se fit peu remarquer. » Il n'y a qu'un mot à répondre. Le général Leclerc, beau-frère de Bonaparte, n'a jamais été en Égypte. On l'a probablement confondu avec le général de cavalerie Leclerc-Dostein, qui fit partie de l'armée d'Orient et fut tué devant le Caire.

l'Iser, dont les bords sont fort escarpés, forme une île qui communique à la ville par deux ponts et qui aboutit à un défilé long et étroit. Leclerc lança son avant-garde, et, en peu de temps, les faubourgs de la ville furent emportés ; entraînés par leur général, les soldats enfoncèrent les portes à coups de hache, et franchirent les ponts malgré le feu très-vif de l'ennemi, qui essaya vainement de tenir dans le défilé. L'archiduc Ferdinand voulut couvrir sa retraite par des charges de cavalerie, mais ses hussards furent mis en fuite. 400 ennemis tués, 600 prisonniers, dont un colonel, 2 pièces de canon enlevées, tels furent les résultats de cette brillante affaire, qui ne coûta à la division française que quelques hommes, tant l'attaque avait été vive et habilement conduite.

Pendant ce temps, la cour de Vienne, revenue de l'abattement où l'avaient jetée ses innombrables défaites, avait cédé encore une fois à sa haine contre la République française, et s'était associée avec empressement à la politique perfide du cabinet britannique. Le Premier Consul résolut de reprendre les hostilités, et, dans ce but, il ordonna, le 17 ventôse an VIII (8 mars 1800), la formation, à Dijon, d'une armée de réserve de 60,000 hommes, dont il devait prendre le commandement.

Le général Leclerc, investi depuis peu du commandement des 17e, 18e et 19e divisions, établit son quartier général à Dijon, et s'occupa de seconder les vues de son beau-frère, en organisant rapidement cette armée.

L'année suivante, le Premier Consul lui destinait une autre mission non moins importante.

Le 27 ventôse an IX (18 mars 1801), il écrivait à Berthier, ministre de la guerre : « Donnez l'ordre, « citoyen ministre, au général Leclerc de former deux « brigades du corps d'observation de la Gironde, de tenir « la 1re brigade prête à partir pour Bayonne et de mettre « la 2e, forte de 3,200 hommes, de 12 pièces d'artil- « lerie, aux ordres de l'amiral Bruix, étant destinée à « s'embarquer sur son escadre.

« Le général Leclerc fera toutes ces dispositions « dans le plus grand secret et en préviendra l'amiral « Bruix, qui lui fera connaître le jour où il faudra que « cette brigade arrive à Rochefort... (1) »

Ce corps était destiné à traverser l'Espagne pour aller menacer le Portugal et l'obliger à renoncer à l'alliance qu'il projetait avec l'Angleterre. La rapidité de l'exécution était la première condition du succès ; aussi, dès le 13 avril, le Premier Consul écrivait à Leclerc :

« J'espère qu'à l'heure qu'il est, citoyen général, « vous êtes entré sur le territoire espagnol.

« Faites-moi connaître l'état de situation précis de

---

(1) *Correspondance de l'Empereur.*

« chacun de vos corps en infanterie, cavalerie et artil-
« lerie, avec les généraux et adjudants-commandants.
« Tirez-moi de peine au sujet de l'habillement. Je se-
« rais fâché que ces troupes fussent vêtues d'une ma-
« nière inconvenante... Sans avoir aucune espèce de
« luxe, il est cependant nécessaire que vous ayez le
« train nécessaire pour faire les honneurs de votre
« corps.

« Ayez soin de mettre à l'ordre, que vous recomman-
« dez aux officiers et aux soldats de faire honneur à la
« nation française, non-seulement par leur bravoure,
« mais encore par leur discipline et par leur respect
« pour les coutumes et préjugés des peuples qu'ils tra-
« verseront (1). »

Fidèle à ces instructions, Leclerc, dans les longues
marches qu'il imposait à ses troupes, donnait toujours
l'exemple de l'ardeur et de l'abnégation. Un jour, les
soldats harassés firent entendre des murmures et des
cris de rébellion ; mais le général, par sa fermeté, eut
bientôt raison des mutins. Une mâle allocution les rap-
pela au devoir.

Une autre fois, ayant appris que quelques militaires
s'étaient mal comportés à Bordeaux, il les condamna à
bivouaquer dans la cour du quartier pendant tout leur
séjour dans cette ville.

____

(1) *Correspondance de l'Empereur.*

Cependant l'Espagne, d'accord avec la France, avait commencé l'attaque au midi, et nos troupes, concentrées à Salamanque, menaçaient au nord le Portugal ; mais avant qu'elles eussent été engagées sérieusement, un traité secret, négocié tout à coup à Madrid, à l'insu du général, mit fin à la guerre.

Leclerc se disposait à revenir à Paris pour y prendre un peu de repos. Le Premier Consul ne devait pas lui en laisser le loisir.

Les traités de Lunéville et d'Amiens avaient pacifié l'Europe, et la France pouvait enfin s'occuper de ses colonies trop longtemps négligées. La plus importante, Saint-Domingue, était l'objet des convoitises secrètes de l'Angleterre, qui, profitant des troubles de la Révolution, avait, après plusieurs tentatives infructueuses pour s'emparer de l'île, poussé les noirs à la révolte, afin de soustraire cette riche colonie à la domination de la France.

Profondément agités par les doctrines professées avec un imprudent retentissement dans nos assemblées, au début de la Révolution, les nègres insurgés avaient chassé ou massacré les blancs, et l'anarchie régnait partout. Toussaint Louverture (1), ce noir célèbre dont

(1) Son vrai nom était Toussaint Bréda. Lorsqu'il fut devenu général, les succès qu'il obtint firent dire au commissaire de la République, Polverel : « Mais cet homme fait ouverture partout ! » Aussitôt la voix publique le surnomma *Louverture*.

Bonaparte a dit : « Cet homme est une nation ! » et qui, d'abord misérable esclave chez le comte de Noé, était devenu général et presque dictateur de Saint-Domingue, s'était mis à la tête de l'insurrection. Effrayé bientôt des calamités qu'elle avait suscitées, il voulut rétablir l'ordre, et, par les mesures qu'il provoqua, il était parvenu à créer une sorte de gouvernement régulier.

Grâce à ce régime, la plupart des habitations abandonnées avaient été remises en culture, et après dix ans de troubles, en 1801, la terre de Saint-Domingue avait repris un aspect de prospérité presque égal à celui qu'elle présentait avant le bouleversement.

Toussaint s'étant fait nommer gouverneur à vie fit proposer au Premier Consul de le reconnaître en cette qualité et de confirmer les grades que ses généraux s'étaient attribués. Un homme de couleur, le général Alexandre Dumas, avait obtenu en France le commandement d'une armée ; Toussaint trouvait tout naturel qu'on accordât à lui et aux siens la même faveur à Saint-Dominguc. Bonaparte, tout disposé qu'il était à lui donner cette satisfaction, voulut néanmoins établir les droits de la France, et dans ce but il résolut d'envoyer à Saint-Domingue une armée et une flotte que les traités de paix récemment signés laissaient disponibles.

Le 16 vendémiaire an x (8 octobre 1801), le Premier Consul adressait à Berthier la dépêche suivante :

« Donnez l'ordre, citoyen ministre, par un courrier
« extraordinaire, au général Leclerc de se rendre en
« toute diligence à Paris avec ses aides de camp et
« deux de ses adjudants-commandants, ainsi que cinq
« officiers d'artillerie et du génie qui auraient la volonté
« et la capacité de le seconder dans une expédition
« d'outre-mer. Il faut qu'il soit à Paris de sa personne
« le 1er brumaire. Il laissera le commandement du
« corps d'observation de la Gironde au plus ancien gé-
« néral de brigade...(1). »

Cette expédition d'outre-mer était celle de Saint-Domingue. Leclerc, nommé général en chef de l'armée expéditionnaire par un arrêté du 1er brumaire, et investi du titre de capitaine général de la colonie de Saint-Domingue, prit la mer le 30 brumaire sur le vaisseau amiral *l'Océan*, accompagné de sa jeune femme, Pauline Bonaparte, qui avait voulu partager les dangers de cette expédition lointaine.

Ses instructions lui prescrivaient de ménager Toussaint, de lui offrir le rôle de lieutenant de la France, la confirmation des grades et des biens acquis par ses officiers, la garantie de la liberté des noirs, mais sous

(1) *Correspondance de l'Empereur.*

l'autorité de la métropole, représentée par le capitaine général.

Dans la proclamation que le Premier Consul adressait aux habitants de Saint-Domingue, il leur disait, dans ce langage imagé qui lui était familier : « Le Gou-« vernement vous envoie le capitaine général Leclerc. « Il amène avec lui de grandes forces pour vous pro-« téger contre vos ennemis et contre les ennemis de « la République (1).

(1) Voici le détail des forces mises à la disposition du général Leclerc :

L'armée navale était commandée par l'amiral Villaret-Joyeuse et se composait d'escadres et de divisions françaises, espagnoles et hollandaises, qui mirent à la voile à des époques différentes des divers ports de la France, de l'Espagne et de la Hollande.

L'escadre française de Brest, aux ordres du contre-amiral Dordelin, était composée des vaisseaux : *l'Océan*, vaisseau amiral; *le Jemmapes, le Patriote, le Mont-Blanc, le J.-J.-Rousseau, le Watignies, le Cisalpin, la Révolution, le Gaulois, le Zélé, le Tourville* et *le Duquesne;* des frégates : *la Syrène, la Furieuse;* des ûtes : *la Fidèle, la Fraternité, la Précieuse* et *la Nécessité;* des corvettes : *la Cigogne, la Diligente;* du cutter *l'Aiguille;* de la goëlette *la Découverte;* des transports : *la Danaé, la Recouvrée.*

L'escadre espagnole, partie également de Brest, aux ordres de l'amiral Gravina, se composait des vaisseaux : *le Neptune, le Guerrero, l'Assis, le Paula, le San-Pablo;* de la frégate *la Soledad.*

La division française partie de Rochefort, aux ordres du contre-amiral Latouche-Tréville, était formée des vaisseaux : *le Foudroyant, l'Argonaute, l'Union, l'Aigle, le Duguay-Trouin* et *le Héros;* des frégates : *la Guerrière, la Franchise, la Vertu, la Clorinde, l'Uranie, l'Embuscade;* de la flûte *la Bayonnaise;* du cutter *le Tricolore.*

Celle de Lorient, aux ordres du contre-amiral Delmotte, était composée du vaisseau *le Scipion;* de la frégate *la Cornélie;* de la corvette *la Mignonne;* de la flûte *le Rhinocéros.*

Celle de Toulon, aux ordres du contre-amiral Ganteaume, se com-

« ..... Ralliez-vous autour de lui. Il vous rapporte
« l'abondance et la paix. Qui osera se séparer du ca-
« pitaine général sera un traître à la patrie, et la colère

posait des vaisseaux : *l'Indivisible, la Constitution, le Dix-Août, le
Jean-Bart, le Swiftsure;* de la frégate *la Créole;* de la corvette *la
Badine.*

La division française sortie de Cadix, aux ordres du contre-
amiral Linois, était formée des vaisseaux : *l'Intrépide, le Saint-
Genard, le Desaix;* des frégates : *l'Indienne, la Libre, le Muiron.*

Celle sortie du Havre, aux ordres du capitaine de vaisseau Meyne,
était composée des frégates : *l'Infatigable, la Valeureuse, la Comète,
la Revanche* et *la Serpente.*

Enfin la division hollandaise sortie de Flessingue, aux ordres du
vice-amiral Hart-Sinck, se formait des vaisseaux : *le Brutus, le
Neptune, le Jean-de-Witt;* de la frégate française *la Poursuivante,*
et de la corvette *l'Ajax.*

Il y avait en tout 35 vaisseaux de ligne, 20 frégates, 6 flûtes, 5 corvettes, 2 cutters, 1 goélette, 2 transports, formant ensemble 71 bâtiments
de guerre commandés par des marins instruits et expérimentés.

Cette flotte avait à son bord, y compris ses équipages, 43,595
hommes, dont 22,172 appartenant à la marine.

Les généraux et autres fonctionnaires supérieurs militaires qui
firent partie de l'expédition depuis l'an ix jusqu'en l'an xi étaient :

Leclerc, général en chef; Dugua, général de division, chef d'état-
major général; Debelle, lieutenant général de Leclerc, commandant en chef l'artillerie de l'armée; les généraux de division Ro-
chambeau, Boudet, Hardy, Watrin, Brunet, Desbureaux, Quantin,
Michel, Desfourneaux, Clauzel.

Les généraux de brigade et chefs de service Humbert, Salme,
Dufruy, Sarrasin, Kerverseau, Lalance, Pambourg, Damblonowski,
Laplanche, Dampierre, Ledoyen; Laroche-Blin, inspecteur en chef
aux revues; Tholozé, commandant le génie; Cadet de Vaux, Pierre
Boyer, Davout, sous-chefs d'état-major; Pageot, Fressinet, Pamphile
Lacroix, Esprit Lacroix, Claparède, Thouvenot, Abbé, Lavalette,
Bachelu, Dalton, Ferrand; Hector Daure, ordonnateur en chef;
Ferroud et Dintrans, ordonnateurs; Peyre, inspecteur général du
service de santé.

« de la République le dévorera, comme le feu dévore

« vos cannes desséchées (1). »

Le rendez-vous de tous les bâtiments avait été fixé dans la baie de Samana, la première qui se présente à une escadre venant d'Europe.

Le capitaine général, auquel des avis venus des Antilles faisaient craindre une défection de Toussaint, et par conséquent un accueil peu amical, ordonna aux chefs de la flotte de se présenter devant tous les ports de l'île à la fois, pour ne pas laisser à Toussaint le temps de se reconnaître.

Chaque division navale sortit de la baie dans les premiers jours de février 1802 pour se rendre à la destination qui lui avait été assignée.

Un dissentiment survenu entre l'amiral Villaret-Joyeuse et le capitaine général ayant retardé le débarquement, l'escadre, déjà en vue du Cap, fut forcée, par les vents contraires, de regagner le large, et, pendant cette manœuvre, on eut la douleur de voir les flammes dévorer la ville. Toussaint avait donné l'ordre à ses généraux de tout détruire, de tout massacrer au premier symptôme de débarquement, de se retirer ensuite dans l'intérieur de l'île, et Christophe et Dessalines, ses lieutenants, n'avaient que trop bien suivi ses barbares instructions.

(1) *Correspondance de l'Empereur.*

Le lendemain, 17 pluviôse an x (6 février 1802), le débarquement s'opérait ; une dépêche télégraphique de Brest l'annonçait au Premier Consul le 12 mars seulement.

Le capitaine général, une fois établi dans la ville du Cap, fit maîtriser les progrès de l'incendie et combina son plan d'attaque pour s'emparer du pays. D'après ses calculs, les mois de février, mars et avril devaient lui suffire pour achever l'occupation.

Mais avant tout, il voulut tenter une dernière démarche auprès de Toussaint ; la réponse qu'il reçut ne lui laissa plus de doutes sur la nécessité de reprendre les hostilités.

Les dimensions restreintes d'une simple notice ne permettent pas de suivre jour par jour toutes les phases de cette guerre d'extermination, sous un climat dévorant, dans un pays inconnu, hérissé d'embûches, contre des hordes de noirs à demi sauvages, armée bizarre dont les chefs portaient des éperons d'argent, sans souliers et sans bas.

Disons succinctement que le 17 février le capitaine général commença ses opérations, et que, de concert avec les généraux expérimentés placés sous ses ordres, il parvint, par la vigueur et l'habileté de ses manœuvres, à détruire ou à disperser en peu de temps les troupes nègres et à obliger les chefs à mettre bas les armes.

Toussaint, abandonné successivement par tous ses

généraux, qui firent leur soumission, parut renoncer à
la lutte, et Leclerc, après avoir rapporté l'arrêté qui
mettait le chef nègre hors la loi, publia la lettre qu'il
lui avait adressée et dans laquelle se trouvait ce passage :

« Je jette le voile de l'oubli sur tout ce qui a eu lieu
« à Saint-Domingue avant mon arrivée. J'imite en
« cela l'exemple que le Premier Consul a donné à
« la France après le 18 brumaire. Tous ceux qui sont
« ici ont une nouvelle carrière à parcourir, et à l'avenir
« je ne reconnaîtrai plus que de bons ou de mauvais
« citoyens.....

« Quant à vous, vous désirez du repos ; le repos
« vous est dû ; quand on a supporté pendant plusieurs
« années le fardeau du gouvernement de Saint-
« Domingue, je conçois qu'on en ait besoin. Je vous
« laisse le maître de vous retirer dans celle de vos habi-
« tations qui vous conviendra le mieux. Je compte assez
« sur l'attachement que vous portez à la colonie pour
« croire que vous emploierez les moments de loisir que
« vous aurez dans votre retraite à me communiquer
« vos vues sur les moyens propres à faire refleurir dans
« ce pays l'agriculture et le commerce, etc... »

Toussaint choisit pour se retirer son habitation
d'Ennery et s'engagea à ne pas la quitter sans la
permission du capitaine général.

Ces résultats n'avaient pas été obtenus sans une série de combats, de massacres, d'incendies et sans essuyer des pertes sensibles; le capitaine général lui-même, à la prise du fort la Crète, un des derniers épisodes de cette campagne, eut ses vêtements percés d'une balle, et faillit être victime de son intrépidité.

Vers la fin d'avril, le pays paraissait pacifié, et, quelques mois après, le général Leclerc avait fait rentrer dans les arsenaux 45,000 fusils provenant du désarmement des noirs. Il comptait en reprendre encore 12 à 15,000. Ils étaient presque tous de fabrique anglaise.

Plus tranquille désormais, il s'occupa de rétablir l'ordre dans la colonie.

Bien qu'elle fût, sur plusieurs points, ruinée et dévastée, et que le gouvernement de la métropole le laissât manquer de fonds, Leclerc ne se découragea pas et se mit résolûment à l'œuvre.

Ce fut alors qu'on le vit déployer sur une plus vaste échelle ces qualités qu'on pouvait s'étonner de trouver chez un chef si jeune, et dont toute la vie s'était passée dans les camps.

Après avoir été vaillant soldat, il se montra administrateur habile et éclairé. Par ses soins, une gazette officielle fut créée à Saint-Domingue; il organisa l'administration civile dans la partie française de l'île, publia des règlements sur l'administration des domaines, les revenus nationaux, la culture et le commerce ; il institua une gendarmerie nationale, et ne perdant pas de vue les intérêts de la science, fit un envoi d'objets curieux au Muséum d'histoire naturelle de Paris.

A cette époque le Premier Consul lui écrivait :

« Les nouvelles que Brugnière (1) nous a apportées
« ont produit une sensation extrêmement vive et agréa-
« ble en France. Le commerce s'active et se dirige
« vers Saint-Domingue ; protégez-le de tous vos
« moyens.

« Les troupes qui vous ont été annoncées sont pour
« la plupart parties, et je compte qu'avant la fin de sep-
« tembre vous nous aurez envoyé ici tous les généraux
« noirs ; sans cela nous n'aurions rien fait, et une im-
« mense et belle colonie serait toujours sur un volcan...
« De grandes récompenses nationales vont vous être
« décernées ainsi qu'à vos principaux généraux et aux
« officiers et soldats qui se sont distingués.

« .... Quant à vous, vous êtes en chemin d'acqué-
« rir une grande gloire. La République vous mettra à
« même de jouir d'une fortune convenable, et l'amitié
« que j'ai pour vous est inaltérable..... (2). »

Parmi les récompenses annoncées dans cette lettre devait nécessairement figurer la Légion d'honneur,

---

(1) Aide de camp du général Leclerc.
(2) *Correspondance de l'Empereur.*

récemment créée. Leclerc en aurait été à coup sûr un des premiers grands dignitaires.

La colonie avait repris une situation florissante, et le capitaine général pouvait même se flatter de l'avoir reconquise à la France, lorsque, au mois d'août, un fléau fréquent dans ces régions, la fièvre jaune, vint frapper les troupes; 15,000 hommes périrent en deux mois.

Toussaint comptait sur ce terrible auxiliaire pour faire une nouvelle levée de boucliers; il avait dit, en jouant sur le nom du grand hôpital du Cap, *la Providence*, encombré de mourants : « La Providence « viendra à mon secours. » Il se mit alors en correspondance avec ses affidés; des lettres compromettantes pour lui et révélant un complot furent interceptées; le capitaine général, prévenu à temps de ses manœuvres, le fit arrêter, et le 11 juin 1802, il écrivait au gouvernement :

« J'envoie en France, avec toute sa famille, cet « homme si profondément perfide qui, avec tant d'hy- « pocrisie, nous a fait tant de mal. Son départ a causé « une joie générale au Cap.....

« Au lieu de tenir la promesse qu'il avait faite, de « rester tranquille, de ne se mêler d'aucune affaire, de « ne pas sortir de sa plantation, il s'est porté nuitam- « ment sur différents points de l'île. Il se faisait rendre « compte des effets de la maladie de l'armée et en sui- « vait les progrès avec satisfaction. »

Cette mesure énergique pouvait étouffer la révolte à son début; mais la nouvelle du rétablissement de l'esclavage à la Guadeloupe, en produisant une impression extraordinaire à Saint-Domingue, vint réveiller la défiance des noirs et rallumer l'incendie mal éteint.

Leclerc cherchait bien à rassurer les noirs, mais la situation de l'armée, que l'épidémie croissante mettait hors d'état d'agir, leur offrait une occasion tellement favorable qu'ils n'hésitèrent pas à s'armer de nouveau. Les généraux de Toussaint, abandonnant l'armée française, se joignirent aux rebelles, et l'insurrection, qui d'abord n'était que partielle, devint bientôt générale.

L'armée, réduite à moins de 4,000 hommes à peine valides, avait dû se retirer des positions qu'elle occupait. Leclerc voyait approcher l'instant où il ne pourrait plus même défendre contre les noirs la petite partie du littoral qui lui restait encore.

Tourmenté et dévoré de chagrins, mais toujours supérieur à la mauvaise fortune, il voulut lutter jusqu'au dernier jour.

Ce fut dans ces fatales circonstances que l'on put admirer en lui ce sang-froid et ce genre de courage qui appartiennent plus spécialement à l'homme d'État.

Au plus fort de l'épidémie, il parcourait les hôpitaux, les casernes, prodiguant aux malades les encouragements et les consolations.

Sa noble compagne, Pauline Bonaparte, partageait

son infatigable dévouement, justifiant ainsi ces paroles de son frère Napoléon :

« Pauline, la plus belle femme de son temps, peut-
« être, a été, et demeurera jusqu'à la fin, la meilleure
« créature vivante. »

Ce n'est donc pas par une vaine fiction que Lamartine, dans son poëme dramatique de *Toussaint-Louverture*, a donné à cette charmante femme un rôle de clémence et de charité.

Mais les forces humaines ne pouvaient résister à d'aussi rudes assauts.

Leclerc avait vu tomber autour de lui ses plus fidèles compagnons d'armes : les généraux Dugua, Debelle, Hardy, Pambourg, Tholozé, Saint-Martin, Ledoyen, Dampierre, le préfet colonial Bezenech, le sous-préfet Féron, le grand-juge Despéroux. Sur 34,000 hommes débarqués à Saint-Domingue, 24,000 étaient morts, 7,000 languissaient dans les hôpitaux.

Tant de désastres auraient ébranlé une constitution plus robuste que celle de Leclerc. Atteint bientôt lui-même par la contagion, il succomba après peu de jours de maladie, ne cessant à ses derniers moments de se préoccuper du sort de sa femme et de ses compagnons d'armes.

Sa mort fut annoncée à la colonie par une proclamation touchante qui porte la signature de l'ordonnateur en chef Daure (1), préfet colonial par intérim ; du secrétaire général Norvins (2) et du général de brigade Boyer, chef de l'état-major général.

Ce fut ce dernier qui transmit la fatale nouvelle au ministre de la marine par une dépêche ainsi conçue :

« Citoyen ministre, la nuit du 10 au 11 brumaire a
« vu terminer les jours du général en chef Leclerc,
« capitaine général de la colonie de Saint-Domingue.
« L'armée a perdu en lui un père dont toute la sollici-
« tude n'était que pour son bonheur et sa gloire, et la
« colonie un administrateur dont toute l'ambition était
« son entière prospérité. L'armée porte le deuil de la
« mort de son général, et Saint-Domingue regrettera à
« jamais celui qui voulait lui assurer le bonheur et la
« tranquillité. »

Bien peu de jours après la mort de Leclerc, le 1er décembre 1802, le Premier Consul, qui ignorait même sa maladie, faisait partir pour Saint-Domingue l'aide de camp Ornano (3) avec 1,500,000 francs pour

(1) Le comte Hector Daure fut depuis, sous l'Empire, ministre de la guerre et de la marine à Naples, chargé en même temps du ministère de la police générale ; sans emploi sous la Restauration, il fut, après la Révolution de 1830, nommé par le maréchal Gérard directeur de l'administration au ministère de la guerre.

(2) Le même qui devint plus tard l'éminent historien de Napoléon. Il est aussi l'auteur d'une notice très-bien faite sur le général Leclerc, publiée dans la *Biographie des Contemporains*.

(3) Mort en 1863, maréchal de France et gouverneur des Invalides.

le service de l'armée et une dépêche, dans laquelle il disait à son beau-frère :

« Le général Boudet, mon cher Leclerc, Ornano et
« Brugnière sont arrivés, en raison inverse de leur
« départ, et dans une même semaine. Je vous ai suivi
« avec une vive sollicitude, et je prends un bien grand
« intérêt aux maux que vous souffrez ; ils sont, je
« l'avoue, plus forts que je ne l'avais calculé. Ce climat
« a été bien affreux cette année..... Le ministre vous
« expédie les différentes récompenses accordées à
« votre armée ; croyez que je sens vivement les ser-
« vices que vous avez rendus ; et votre gloire sera
« entièrement consolidée lorsque, par le résultat de
« votre seconde campagne, vous aurez rendu la tran-
« quillité à cette belle et vaste colonie.....

« Je suis très-content de la conduite qu'a tenue
« Paulette (1). Elle ne doit pas craindre la mort, puis-
« qu'elle mourrait avec gloire en mourant dans une
« armée et en étant utile à son mari. Tout passe
« promptement sur la terre, hormis l'opinion que nous
« laissons empreinte dans l'histoire..... (2). »

Hélas ! ces bonnes paroles ne devaient pas arriver
à leur adresse, et le Premier Consul en les traçant ne
se doutait pas que le bâtiment qui allait les emporter

(1) Madame Leclerc.
(2) *Correspondance de l'Empereur.*

se croiserait en route avec le cercueil de son beau-frère !...

Après une autopsie minutieuse et l'embaumement, opérés par les médecins et chirurgiens de l'armée et des hôpitaux, Peyre, Albert, Thirriot, Vannault, Sylvestre et Jodot, dont le procès-verbal figure au *Moniteur universel* du 17 nivôse an xi (7 janvier 1803), le corps, les entrailles et le cœur de Leclerc furent déposés à bord du vaisseau de guerre *le Swiftsure* (1), en présence du contre-amiral Latouche-Tréville, commandant la force navale à Saint-Domingue, du capitaine de vaisseau Hubert, commandant *le Swiftsure*, et de plusieurs autres officiers. Le sabre et le chapeau du général furent également consignés au capitaine du *Swiftsure* pour rester déposés, pendant toute la traversée, sur son cercueil.

Le bâtiment qui portait ces précieux restes arriva le 7 pluviôse à Toulon, où il fut reçu avec une pompe extraordinaire. Transporté ensuite du *Swiftsure* à bord de la frégate *la Cornélie*, et de là à Marseille, le corps du général traversa toute la France pour arriver à sa terre de Montgobert, près de Soissons, lieu de sa sépulture définitive.

Partout sur son passage les plus grands honneurs lui furent rendus. Des services funèbres pour le repos

______

(1) Le *Swiftsure* était un vaisseau de haut bord anglais, qui avait été capturé par l'amiral Ganteaume à la suite d'un combat naval livré dans le canal de Candie, le 24 juin 1801.

de son âme furent célébrés avec un grand éclat dans plusieurs villes, notamment à Lyon et à Aix-la-Chapelle. La douleur était générale.

On assure que le Premier Consul, en apprenant la mort de son beau-frère, s'écria : « J'ai perdu mon bras droit ! »

Leclerc était, en effet, un homme de valeur et de grand avenir. Il était appelé à rendre d'éminents services au pays, et il a manqué souvent à l'empereur Napoléon.

Voici le portrait qu'a tracé de lui M. de Norvins, son secrétaire général à Saint-Domingue et son ami :

« La taille du général Leclerc était petite, mais bien
« prise, et unissait la force à la grâce ; ses traits
« était agréables, son regard vif et spirituel, et sa phy-
« sionomie était pleine de mouvement et d'expression.
« Il parlait avec facilité, et portait dans la discussion
« des affaires une clarté et une finesse d'aperçus très-
« remarquables. Il était infatigable d'esprit et de corps
« pour le travail de cabinet... Sévère jusqu'à l'excès
« pour lui-même, il était constamment indulgent pour
« les autres, excepté lorsqu'il s'agissait du service ;
« mais sa douceur et son affabilité rendaient toujours
« l'obéissance facile ; le devoir et l'honneur furent la
« règle de toute sa vie. Dans toutes les conditions, la
« pureté de ses mœurs et l'élévation de son caractère
« l'avaient fait estimer. »

L'expédition de Saint-Domingue fut certainement l'une des plus considérables et des plus hardies qu'ait entreprises la République française. Si elle ne réalisa pas ses espérances, si le résultat ne répondit pas à la grandeur des moyens, la faute en fut aux événements et non au général Leclerc, qui fit tout ce qui était humainement possible pour en assurer le succès.

C'était d'ailleurs l'opinion de Napoléon, qui a dit plus tard :

« Si l'expédition manqua, ce fut par des circonstances « accidentelles, comme la fièvre jaune, la mort du « général en chef, une nouvelle guerre continen- « tale, etc. »

Leclerc n'avait eu de son mariage avec Pauline Bonaparte qu'un fils, né à Milan, et qui mourut en bas âge. Il ne laissa donc pas de postérité. Il avait deux frères : l'un préfet, et l'autre, Leclerc des Essarts, général de brigade, et deux sœurs, Mme la maréchale Davout, princesse d'Eckmühl, duchesse d'Auerstaëdt (1), et Mme la comtesse Friant, femme du général de ce nom, qui commanda sous l'Empire les grenadiers à pied de la garde impériale. Tous sont morts aujourd'hui.

---

(1) Mme la maréchale Davout disait, en parlant de son mariage : « Je me serais trouvée la plus favorisée des femmes, si mon admi- « rable frère eût pu être témoin du bonheur qu'il m'avait assuré « avant de s'embarquer pour une expédition dont il connaissait les « difficultés et les dangers. »

(*Histoire du maréchal Davout*, par Gabriel de Chénier.)

La veuve du général Leclerc épousa en secondes noces le prince Camille Borghèse, duc de Guastalla; elle est morte en 1825.

Cette notice historique ne saurait mieux se terminer qu'en rappelant l'opinion émise par Napoléon sur le général Leclerc, dans les mémoires dictés à Sainte-Hélène :

« Le capitaine général Leclerc était un officier de
« premier mérite, propre à la fois au travail du ca-
« binet et aux manœuvres du champ de bataille. Il
« avait fait les campagnes de 1796 et 1797, comme
« adjudant-général auprès de Napoléon; celle de 1799
« sous Moreau, comme général de division. Il com-
« mandait au combat de Freisingen, où il battit l'ar-
« chiduc Ferdinand; il conduisit en Espagne un corps
« d'observation de 20,000 hommes, destiné à agir
« contre le Portugal; enfin dans cette expédition de
« Saint-Domingue, il déploya du talent et de l'acti-
« vité; en moins de trois mois, il battit et soumit
« cette armée noire qui s'était illustrée par la défaite
« d'une armée anglaise. »

Depuis longtemps le pays avait ratifié ce jugement, mais la mémoire de Leclerc n'avait encore reçu aucun témoignage de la reconnaissance publique. La ville de

Pontoise, en inaugurant aujourd'hui la statue de ce jeune et vaillant général, né dans ses murs, et qui s'illustra sur tant de champs de bataille, prouve une fois de plus que la France n'est pas ingrate et qu'elle sait noblement payer, tôt ou tard, le sang versé pour sa défense et pour l'honneur de son drapeau.

EXTRAIT

DE LA DÉLIBÉRATION DU CONSEIL MUNICIPAL DE LA VILLE DE PONTOISE

du 16 janvier 1868.

M. le maire fait au Conseil l'exposé suivant :

A la fin du siècle dernier, au moment où la patrie en danger appelait tous ses enfants à la défense du pays menacé et envahi par l'étranger, une famille de Pontoise se distingua particulièrement par son patriotisme : ce fut la famille Leclerc.

Cette famille qui, depuis plus de 400 ans, avait donné à notre ville des citoyens notables et honorés pour leurs vertus civiques, embrassa avec ardeur la cause sainte de la défense de la patrie, et les enfants de Jean-Paul Leclerc prirent une part active et glorieuse aux événements mémorables de cette époque ; deux d'entre eux devinrent généraux, l'un fut préfet ; Mlle Louise-Aimée-Julie Leclerc épousa le maréchal Davout, prince d'Eckmühl, duc d'Auerstaëdt ; sa sœur, Louise-Françoise-Charlotte Leclerc, devint la femme du général comte Friant.

Le sentiment populaire de notre cité cherchait depuis de longues années l'occasion de donner à cette illustre famille un témoignage éclatant de reconnaissance. Une circonstance se présente aujourd'hui qui permet de réaliser le vœu de la population.

Un décret de l'Empereur, du 17 juillet 1867, a déclaré d'utilité publique l'ouverture de la rue Impériale ; les travaux vont commencer dans un bref délai. L'administration municipale, organe du vœu populaire, vous propose de décider qu'une statue sera érigée en l'honneur du général Leclerc (Victoire-Emmanuel) sur la plate-forme qui couronnera l'extrémité de la rue Impériale, à la hauteur de l'église Saint-Maclou.

« Le Conseil,

« Ouï l'exposé qui précède ;

« Vote à l'unanimité l'érection d'une statue en l'honneur du « général Leclerc (Victoire-Emmanuel), enfant de Pontoise, « comme témoignage de la reconnaissance publique pour les ser- « vices qu'il a rendus au pays, et décide que cette statue sera « placée sur la plate-forme qui couronnera la rue Impériale, à la « hauteur de l'église Saint-Maclou. »

Pour extrait : *Le Maire*, SERÉ-DEPOIN.

DÉCRET.

« NAPOLÉON, par la grâce de Dieu et la volonté nationale, « Empereur des Français,

« A tous présents et à venir, Salut :

« Sur le rapport de notre ministre secrétaire d'État au départe- « ment de l'intérieur ;

« Vu l'ordonnance du 10 juillet 1816,

« Avons décrété et décrétons ce qui suit :

« ARTICLE PREMIER. — Est approuvée la délibération du 15 jan- vier 1868, par laquelle le Conseil municipal de Pontoise a voté l'érection, en cette ville, d'une statue du général Leclerc (Victoire-Emmanuel).

« ART. 2. — Notre ministre secrétaire d'État au département de l'intérieur est chargé de l'exécution du présent décret.

« Fait au palais des Tuileries, le 18 mars 1868.

« NAPOLÉON. »

Mme la maréchale Davout, informée par M. le Maire du projet de la ville de Pontoise concernant son illustre frère, a accueilli avec une vive satisfaction l'expression du vœu de la population de sa ville natale, et elle a offert spontanément de donner à la ville de Pontoise la statue du général Leclerc.

Cette statue, du plus beau marbre blanc, d'une grande dimension et d'une rare ressemblance, est l'œuvre de Lemot, statuaire distingué du premier Empire. Elle fut commandée par Napoléon Ier, figura au Panthéon parmi les statues des hommes illustres, et fut rendue au maréchal Davout par le roi Louis XVIII, lorsque le Panthéon redevint l'église Sainte-Geneviève, consacrée au culte catholique. Le maréchal l'avait placée dans le parc de son château de Savigny-sur-Orge, où elle était restée jusqu'à ce jour.

Le Conseil municipal a accepté avec reconnaissance le don de Mme la princesse d'Eckmühl, et lui a voté à l'unanimité des remercîments.

Paris.-Imp. PAUL DUPONT, 41, rue Jean-Jacques-Rousseau. — 3227.9.9

42